Felix Lange

Der russische Angriffskrieg gegen die Ukraine und das Völkerrecht

Schriftenreihe der Juristischen Gesellschaft zu Berlin

Heft 200

Felix Lange

Der russische Angriffskrieg gegen die Ukraine und das Völkerrecht

DE GRUYTER

PD Dr. Felix Lange, LL.M. (NYU), M.A.,
Kollegforschungsgruppe „The International Rule of Law – Rise or Decline?“, Humboldt Universität Berlin

ISBN 978-3-11-120331-7
e-ISBN (PDF) 978-3-11-120347-8
e-ISBN (EPUB) 978-3-11-120409-3
DOI https://doi.org/10.1515/9783111203478

Library of Congress Control Number: 2023934424

Bibliografische Information der Deutschen Nationalbibliothek
Die Deutsche Nationalbibliothek verzeichnet diese Publikation in der Deutschen Nationalbibliografie; detaillierte bibliografische Daten sind im Internet über http://dnb.dnb.de abrufbar.

Druck und Bindung: CPI Books GmbH, Leck

www.degruyter.com

Inhalt

Kreß, TZ 14, 365

Einleitung

Völkerrechtliche Fragen des russischen Angriffskriegs auf die Ukraine sind nun seit dem 24. Februar 2022 in aller Munde. Während das Völkerrecht oftmals nicht die ihm gebührende Aufmerksamkeit im öffentlichen Diskurs bekommt, ist dies im Hinblick auf den Krieg in der Ukraine anders. Seit dem Beginn des Kriegs haben sich die Presse und juristische Zeitschriften einer Vielzahl von völkerrechtlichen Fragen gewidmet.[1]

Drei besonders heiß diskutierte völkerrechtliche Themenkomplexe greift dieser Beitrag auf. Erstens lässt sich fragen, was der russische Verstoß gegen das Gewaltverbot über das Völkerrecht als Rechtsordnung aussagt. Zweitens soll der Frage nachgegangen werden, ob Putin vor dem Internationalen Strafgerichtshof (IStGH) in Den Haag zu Verantwortung gezogen werden kann. Bevor drittens die Rechtmäßigkeit der Individualsanktionen der Europäischen Union (EU) gegen russische Staatsbürger in den Blick genommen wird. Die Zusammenführung dieser drei Themenkomplexe erscheint auch deshalb sinnvoll, weil sich daran generelle Entwicklungslinien im Völkerrecht festmachen lassen.

1 Für juristische Zeitschriften siehe statt vieler Kai Ambos, Ukraine-Krieg und internationale Strafjustiz, Deutsche Richterzeitung 2022, S. 170; Stefanie Bock, Potentiale und Grenzen. Das Völkerstrafrecht im Ukrainekrieg, Osteuropa 72 (2022), S. 87; Claus Kreß, Der Ukraine-Krieg und das völkerrechtliche Gewaltverbot, Juristische Studiengesellschaft Jahresband 2021/2022, S. 67; Angelika Nußberger, Tabubruch mit Ansage. Putins Krieg und das Recht, Osteuropa 72 (2022), S. 51; Stefanie Schmahl, Völkerrechtliche und europarechtliche Implikationen des Angriffskriegs auf die Ukraine, NJW 2022, S. 969; Christian Tomuschat, Russlands Überfall auf die Ukraine. Der Krieg und die Grundfragen des Rechts, Osteuropa 72 (2022), S. 33; Christian Walter, Der Ukraine-Krieg und das wertebasierte Völkerrecht, JZ 10 (2022), S. 473.

 https://doi.org/10.1515/9783111203478-001

I Verstoß gegen das Gewaltverbot und seine Folgen

1 Russische Rechtfertigungsversuche des Angriffskriegs ohne Grundlage

Das Gewaltverbot ist die Zentralnorm des Friedenssicherungsrechts. Art. 2 Nr. 4 der Satzung der Vereinen Nationen besagt: „Alle Mitglieder der Vereinten Nationen unterlassen in ihren internationalen Beziehungen jede gegen die territoriale Unversehrtheit oder die politische Unabhängigkeit eines Staates gerichtete oder sonst mit den Zielen der Vereinten Nationen unvereinbare Androhung oder Anwendung von Gewalt." Das Gewaltverbot ist nicht nur in der Satzung der Vereinten Nationen, sondern auch im Völkergewohnheitsrecht anerkannt.[2] Ihm wird oftmals *ius cogens*-Charakter zugesprochen,[3] d. h. Verträge, die dagegen verstoßen, sind nichtig (vgl. Art. 53 Abs. 2 Wiener Übereinkommen über das Recht der Verträge (auch Wiener Vertragsrechtskonvention (WVK))). Der Internationale Gerichtshof (IGH) hat das Gewaltverbot als „Eckstein der Satzung der Vereinten Nationen" beschrieben.[4] Die Deutsche Gesellschaft für Internationales Recht bezeichnet es als „grundlegendes Prinzip des Völkerrechts, auf dem die gegenwärtige internationale Ordnung beruht."[5]

Trotz dieses Grundsatzes sind im Völkerrecht zwei Ausnahmen vom Gewaltverbot anerkannt. Nach Kapitel VII der Satzung der Vereinten Nationen kann der Sicherheitsrat militärische Zwangsmaßnahmen erlassen bzw. die Mitgliedstaaten der Vereinten Nationen zur Gewaltanwendung ermächtigen. Art. 42 der Satzung sieht vor, dass die Vereinten Nationen eigene Luft-, See-, oder Landstreitkräfte

2 IGH, Urt. v. 27.6.1986, Military and Paramilitary Activities in and against Nicaragua (Nicaragua v. USA), ICJ Rep 1986, 14, paras 187–191.

3 Vgl. bereits anklingend in Yearbook of the International Law Commission 1966, Volume II, S. 248; das Drafting Committee der Völkerrechtskommission hat sich nach der zweiten Lesung dafür ausgesprochen, das „crime of aggression" in eine „non-exhaustive list" von Normen aufzunehmen, die *ius cogens*-Character haben, vgl. International Law Commission, Peremptory norms of general international law (jus cogens), Texts of the draft conclusions and Annex adopted by the Drafting Committee on second reading, A/CN.4/L.967, 11.7.2022, conclusion 23.

4 IGH, Urt. v. 19.12.2005, Case Concerning Armed Activities on the Territory of the Congo (Demcratic Republic of the Congo v. Uganda), ICJ Rep 2005, 168, para 148; dazu auch Kreß, Fn. 1, S. 68.

5 Vgl. Deutsche Gesellschaft für Internationales Recht, Erklärung zum russischen Angriff auf die Ukraine (24. Februar 2022), https://dgfir.de/ (diese und alle anderen Webseiten wurden zuletzt abgerufen am 25.11.2022).

 https://doi.org/10.1515/9783111203478-002

entsenden können.[6] Da es die Mitgliedstaaten versäumt haben, den Vereinten Nationen – wie in Art. 43 der Satzung vorgesehen – in Sonderabkommen Truppen zur Verfügung zu stellen,[7] hat sich eine Praxis entwickelt, nach der der Sicherheitsrat militärische Maßnahmen autorisieren kann.[8]

Auf eine solche Ermächtigung kann sich die Russische Föderation offensichtlich nicht berufen. Der Sicherheitsrat hat keinen Gewalteinsatz gegen die Ukraine autorisiert. Im Gegenteil: Im Sicherheitsrat scheiterte eine Resolution, mit der der russische Angriffskrieg verurteilt werden sollte, allein am Veto der Russischen Föderation.[9]

Als weitere Ausnahme vom Gewaltverbot existiert das Selbstverteidigungsrecht eines jeden Staates. Ein Staat kann nach Art. 51 der Satzung „im Falle eines bewaffneten Angriffs“ das „Recht zur individuellen oder kollektiven Selbstverteidigung geltend machen“, zumindest „bis der Sicherheitsrat die zur Wahrung des Weltfriedens und der internationalen Sicherheit erforderlichen Maßnahmen getroffen hat“. Neben der durch die Vereinten Nationen autorisierten Gewaltanwendung ermöglicht die Satzung also auch unilaterale Gewaltanwendung eines Staates, allerdings nur subsidiär und unter engen Voraussetzungen.

Die Russische Föderation hat zwei Begründungsmuster für die völkerrechtliche Rechtfertigung des Gewalteinsatzes in der Ukraine vorgebracht. Zum einen haben Präsident Wladimir Putin und Außenminister Sergej Lawrow die „militärische Spezialoperation“ zunächst (auch) mit dem notwendigen Schutz der russischsprachigen und russischen Bevölkerung in Luhansk und Donezk vor einem stattfindenden Völkermord begründet.[10] Dies mag man als Geltendmachung der Rechts-

---

6 Art. 42 Satzung der Vereinten Nationen: „Sollte der Sicherheitsrat zur Auffassung gelangen, daß die in Artikel 41 vorgesehenen Maßnahmen nicht genügen oder sich als ungeeignet erwiesen haben, kann er durch Luft-, See- oder Landstreitkräfte die Operationen durchführen, die zur Aufrechterhaltung oder Wiederherstellung des Weltfriedens und der internationalen Sicherheit nötig sind. Solche Maßnahmen können Demonstrationen, Blockade und andere Operationen von Luft-, See- oder Landstreitkräften von Mitgliedern der Vereinten Nationen umfassen.“

7 Art. 43 Abs. 1 Satzung der Vereinten Nationen: „Alle Mitglieder der Vereinten Nationen verpflichten sich, als Beitrag zur Aufrechterhaltung des Weltfriedens und der internationalen Sicherheit dem Sicherheitsrat auf sein Verlangen und gemäß einem Sonderabkommen oder von Sonderabkommen Streitkräfte, Hilfe und Begünstigungen einschließlich Durchmarschrechte zur Verfügung zu stellen, soweit dies zur Aufrechterhaltung des Weltfriedens und der internationalen Sicherheit nötig ist.“

8 Vgl. allgemein dazu Stefan Oeter, Zwangsmaßnahmen nach Kapitel VII UN-Charta: Chancen und Risiken der aktuellen Sicherheitsratspraxis, Vereinte Nationen 64 (2016), S. 164.

9 UN Dok. S/PV.8979, 25. 2. 2022, S.6.

10 Vgl. angedeutet bereits in Address by the President of the Russian Federation, 24 February 2022, http://en.kremlin.ru/events/president/transcripts/statements/67843; ausgeführt in Foreign Minister Sergey Lavrov’s remarks at the High-Level Segment of the UN Human Rights Council’s 49th session,

figur der Rettung eigener Staatsangehöriger aus einer Notsituation bzw. der Rechtsfigur der humanitären Intervention deuten.[11]

Es erscheint allerdings schon faktisch äußerst fraglich, ob es einen Völkermord in Donezk oder Luhansk gegeben hat.[12] Vielmehr hebt ein auf die Zeit von August 2021 bis Januar 2022 bezogener Bericht des Hohen Kommissars der Vereinten Nationen für Menschenrechte vor allem die durch die Separatisten in den ostukrainischen Gebieten begangenen schweren Menschenrechtsverletzungen hervor.[13] Auch der IGH hat die Völkermord-These in Zweifel gezogen. Die Ukraine hatte nach dem russischen Überfall den Erlass vorsorglicher Maßnahmen beantragt und vorgetragen, dass die Russische Föderation die Völkermord-Konvention als Rechtfertigung für den Angriffskrieg missbraucht habe. In seiner einstweiligen Anordnung vom 16. März 2022 im Fall Ukraine/Russland betont der IGH, dass ihm keinerlei Beweise vorlägen, die die Behauptung eines auf ukrainischem Gebiet begangenen Völkermords belegten.[14]

Aber auch rechtlich steht dieses Vorbringen auf tönernen Füßen. Zwar wird die Rettung eigener Staatsangehöriger in absoluten Notsituationen zunehmend als völkerrechtsgemäß anerkannt.[15] Mit ihr lassen sich aber wohl nur Evakuierungen,[16] vielleicht auch Geiselbefreiungen rechtfertigen,[17] keineswegs jedoch die Besetzung oder gar die Annexion von Gebieten eines fremden Staates.

In Bezug auf die humanitäre Intervention wird zwar teils vertreten, dass diese zur Verhütung schwerster Menschenrechtsverbrechen in einem Staat rechtmäßig

---

via videoconference, March 1, 2002, https://russische-botschaft.ru/de/2022/03/02/foreign-minister-sergey-lavrovs-remarks-at-the-high-level-segment-of-the-un-human-rights-councils-49th-session-via-videoconference-march-1-2022/; zur rechtlichen Einordnung Tomuschat, Fn. 1, S. 37–39.

11 Zum impliziten Anlehnung Putins an die Rechtsfigur der humanitären Intervention, vgl. Nußberger, Fn. 1. S. 60.

12 Vgl. dazu auch Tomuschat, Fn. 1, S. 38.

13 Vgl. United Nations Human Rights, Office of the High Commissioner, Report on the Human Rights Situation in Ukraine, 1. August 2021–31. Januar 2022, https://www.ohchr.org/sites/default/files/2022-03/33rdReportUkraine-en.pdf, para 109.

14 IGH, Beschl. v. 16. 3. 2022, Allegations of Genocide under the Convention on the Prevention and Punishment of the Crime Genocide (Ukraine v. Russian Federation), https://www.icj-cij.org/public/files/case-related/182/182-20220316-ORD-01-00-EN.pdf, para 59.

15 Vgl. Helmut Aust, in: von Münch/Kunig, Grundgesetz-Kommentar, Art. 87a GG, Rn. 18; Oliver Dörr, Use of Force, Prohibition of, in: MPEPIL, August 2019, paras 45–47; Frank Schorkopf, Staatsrecht der internationalen Beziehungen, 2019, § 6 Rn. 60.

16 So Andreas von Arnauld, Völkerrecht, 4. Aufl. 2019, S. 520–521.

17 Zur Debatte Christian Marxsen, Völkerrechtsordnung und Völkerrechtsbruch, 2021, S. 64–67.

sei.[18] Allerdings stützt die Staatenpraxis eine solche Ansicht nicht.[19] Abgesehen von einigen westlichen Staaten lehnt die ganz überwiegende Mehrheit, insbesondere die G-77 Staaten, diese Rechtfigur ab.[20] Jedenfalls darf eine solche Intervention nur dem Schutz der Bevölkerung dienen, deren Menschenrechte schwer verletzt werden. Die Annexion von Gebieten eines Staates lässt sich auf Grundlage der Rechtsfigur der humanitären Intervention nicht rechtfertigen.

Zum zweiten hat sich die Russische Föderation explizit auf die Ausübung des Selbstverteidigungsrechts nach Art. 51 der Satzung der Vereinten Nationen für die Volksrepubliken Donezk und Luhansk berufen.[21] Dabei hat sie vorgebracht, dass sie im Lichte der mit der Volksrepublik Donezk und der Volksrepublik Luhansk geschlossenen Beistandsverträge zur Ausübung eines kollektiven Selbstverteidigungsrechts für diese Republiken ermächtigt sei.[22] Auch dieses Argument greift zu kurz.[23]

Die Russische Föderation ist zwar der formellen Pflicht nach Art. 51 S. 2 Hs. 1 der Satzung nachgekommen und hat den Gewalteinsatz dem Sicherheitsrat angezeigt.[24] Selbst wenn man davon ausgeht, dass die Ukraine zum Zeitpunkt des russischen Angriffs einen gegenwärtigen, bewaffneten Angriff auf Donezk oder Luhansk durchführte: Diese Regionen sind völkerrechtlich nicht als eigene Staaten anerkannt, die sich auf ein Selbstverteidigungsrecht berufen können.[25] Auch können nach dem Völkerrecht nur Staaten, nicht aber abtrünnige Volksgruppen andere Staaten um militärische Hilfe auf ihrem Staatsgebiet bitten (sogenannte Intervention auf Einladung).[26] Die russische Anerkennung der Gebilde drei Tage vor

---

18 Christopher Greenwood, Humanitarian Intervention: The Case of Kosovo, Finnish Yearbook of International Law, X (1999), S. 141 (170–171); Christian Tomuschat, Völkerrechtliche Aspekte des Kosovo-Konflikts, Die Friedens-Warte 74 (1999), S. 33 (33–37).

19 Vgl. dazu statt vieler Dörr, Fn. 15, paras 48–52; ausführlich zur Praxis International Law Association, Sydney Conference (2018), Use of Force, Final Report on Aggression and the Use of Force, S. 21–24.

20 Group of 77 South Summit, Havana, Cuba, 10–14 April 2000, Declaration of the South Summit, https://www.g77.org/summit/Declaration_G77Summit.htm, Rn. 54.

21 Vgl. Address by the President of the Russian Federation, Fn. 10; Russische Föderation, Einreichung an den IGH v. 28.2.2022, para. 8 ff., <www.icjcij.org/public/files/case-related/182/182-20220307-OTH-01-00-EN.pdf>.

22 The Ministry of Foreign Affairs of the Russian Federation, Foreign Minister Sergey Lavrov's remarks at the High-Level Segment of the UN Human Rights Council's 49th session, 1.3.2022, https://mid.ru/en/foreign_policy/news/1802169/.

23 Vgl. bereits Nußberger, Fn. 1, S. 61–62; Schmahl, Fn. 1, S. 969.

24 UN Doc. S/2022/154, 24.2.2022.

25 Dazu auch Kreß, Fn. 1, S. 74.

26 Vgl. grundlegend Georg Nolte, Eingreifen auf Einladung. Zur völkerrechtlichen Zulässigkeit des Einsatzes fremder Truppen im internen Konflikt auf Einladung der Regierung, 1999; in Bezug auf die

Kriegsbeginn verstößt gegen das Interventionsverbot und hat keine rechtlichen Wirkungen.[27] Keineswegs sind die Volksrepubliken dadurch Staaten geworden. Die russischen Rechtfertigungsversuche des Angriffskriegs gehen ins Leere.

2 Die normative Beständigkeit des Gewaltverbots

Dennoch: der Krieg schwelt weiter. Nicht nur das Völkerrecht, sondern selbst die Kritik der Mehrheit der Staaten und die scharfen wirtschaftlichen Sanktionen des Westens vermögen es nicht, Putin zu einem Einlenken zu bewegen. Was sagt es über eine Rechtsordnung aus, wenn sie nicht verhindern kann, dass Macht und Gewalt sich Bahn brechen?

Einige Beobachter sehen den Angriffskrieg als Indiz für das Scheitern des Völkerrechts. Der Berliner Politikwissenschaftler Herfried Münkler konstatiert das Ende des „Projekt[s] der universalen Werte und Normen" in einer Phase der „Rückkehr der klassischen Machtpolitik".[28] Für den Staatsrechtslehrer Karl-Heinz Ladeur ist der Angriffskrieg ein Zeichen für die Herausbildung eines neuen „(Völker)Recht[s] der Uneindeutigkeit".[29] Aber verliert das Gewaltverbot wirklich an Schärfe? Sind sein normativer Kern oder seine Randbereiche in der Auflösung begriffen?[30] Anders formuliert: Verändert der russische Angriffskrieg den juristischen Gehalt des Gewaltverbots?

Dies könnte schon deshalb mit „Nein" zu beantworten sein, weil das Friedenssicherungsrecht durch einen Verstoß nicht seine Geltung verliert. Die juristische Geltung ist rechtstheoretisch grundsätzlich getrennt von der soziologischen Wirksamkeit zu behandeln. Zwar wird in der Rechtsphilosophie die Anerkennung durch die Rechtsunterworfenen oftmals als eine Voraussetzung für die Geltung des Rechts angesehen.[31] Allerdings bezieht sich diese Anerkennung auf die Rechtsord-

---

Annexion der Krim James A. Green, The Annexation of Crimea: Russia, Passportisation and the Protection of Nationals Revisited, Journal on the Use of Force and International Law (2014), S. 3 (6).

27 Vgl. Statement by Members of the International Law Association Committee on the Use of Force, 4.3.2022, https://www.justsecurity.org/80454/statement-by-members-of-the-international-law-association-committee-on-the-use-of-force/; Nußberger, Fn. 1, S. 59.

28 Augsburger Allgemeine, Interview. Historiker Münkler: „Wir erleben eine Rückkehr zur klassischen Machtpolitik", 4.6.2022, https://www.augsburger-allgemeine.de/politik/interview-historiker-muenkler-wir-erleben-eine-rueckkehr-zur-klassischen-machtpolitik-id62899276.html

29 Karl-Heinz Ladeur, Unberechenbare Autokratien – verunsicherte Demokratien, 19.4.2022, https://verfassungsblog.de/unberechenbare-autokratien-verunsicherte-demokratien/

30 Die Frage stellt auch Walter, Fn. 1, S. 437.

31 H.L.A. Hart, The Concept of Law, 2. Aufl. 1996, S. 100 – 110.

nung in ihrer Gesamtheit.[32] Einzelne Verstöße führen nicht zur Suspendierung einer Norm.

Auch die Russische Föderation zweifelt das Völkerrecht nicht in seiner Existenz als Rechtsordnung an. Vielmehr verabschiedet sie immer wieder allgemeine Erklärungen zur Bedeutung des Völkerrechts in den internationalen Beziehungen.[33] Auch versucht sie, wie gezeigt, sogar den Angriffskrieg mit völkerrechtlichen Argumenten zu legitimieren. Nimmt man also diese juristische (oder vielmehr rechtspositivistische) Perspektive ein, ist das Friedensicherungsrecht gar nicht unter Druck. Denn ein Rechtsverstoß wirkt sich nicht auf das geltende Recht aus. Es gilt einfach fort.

Im Völkerrecht besteht jedoch die Besonderheit, dass durch Rechtsbruch eine Rechtsfortentwicklung angestoßen werden kann.[34] Der *Lawbreaker* kann potentiell zum *Lawmaker* werden. So kann sich der Normgehalt von Art. 2 Abs. 4 der Satzung der Vereinten Nationen durch spätere Übung der Vertragsparteien ändern. Art. 31 Abs. 3 lit. b WVK erkennt diese Übung, die „subsequent practice", als bedeutendes Auslegungsmittel bei der Interpretation völkerrechtlicher Verträge an.[35] Kann der russische Angriffskrieg als eine solche Praxis zu einer sich wandelnden Interpretation des Gewaltverbots beitragen?

Davon ist nicht auszugehen. Die Hürden für die Fortentwicklung des Gewaltverbots sind hoch.[36] So muss nach dem bereits genannten Art. 31 Abs. 3 Nr. 1 b WVK aus der späteren Übung „die Übereinstimmung der Vertragsparteien über die Auslegung [des Vertrags] hervorgeh[en]". Die Völkerrechtskommission betont ausdrücklich, dass der Begriff der „Übereinstimmung" in Art. 31 Abs. 3 Nr. 1 b als „common understanding regarding the interpretation of a treaty which the parties

---

32 Dazu unter Verweis auf Gustav Radbruch, H.L.A. Hart und Hans Kelsen, Marietta Auer, Warum der Begriff der Rechtsgeltung nicht zur Bewältigung staatlichen Unrechts taugt, Rechtswissenschaften (2017), S. 45 (51–53).

33 Vgl. The Declaration of the People's Republic of China and the Russian Federation on the Promotion of International Law, 26. 6. 2016, https://www.fmprc.gov.cn/mfa_eng/wjdt_665385/2649_665393/201608/t20160801_679466.html;

34 Marxsen spricht mit Bezug hierauf von „legislativer Illegalität", Marxsen, Fn. 17, S. 264–284.

35 Vgl. dazu Völkerrechtskommission, Draft conclusions on subsequent agreements and subsequent practice in relation to the interpretation of treaties 2018, https://legal.un.org/ilc/texts/instruments/english/draft_articles/1_11_2018.pdf.

36 Zu den hohen Hürden vgl. Helmut Aust/Mehrdad Payandeh, Praxis und Protest im Völkerrecht. Erosionserscheinungen des völkerrechtlichen Gewaltverbots und die Verantwortung der Bundesrepublik im Syrien-Konflikt, JZ 13 (2018), S. 633 (637–638); Jochen von Bernstorff, Hat das universelle Völkerrecht noch eine Zukunft? Anmerkungen zum Krieg in der Ukraine und dem völkerrechtlichen Gewaltverbot, Manuskript.

are aware of and accept" zu verstehen sei.[37] Auch macht der *ius cogens*-Charakter des Gewaltverbots dieses änderungsresistent. So ergibt sich aus Art. 53 Abs. 2 WVK, dass für eine Änderung des Gehalts einer *ius cogens*-Norm die Annahme durch die „internationale[...] Staatengemeinschaft in ihrer Gesamtheit" nötig ist.

Von einem „common understanding" oder einer Übereinstimmung der „internationalen Staatengemeinschaft in ihrer Gesamtheit" in Bezug auf eine Neuinterpretation des Art. 2 Nr. 4 der Satzung der Vereinten Nationen kann hier keine Rede sein. Im Gegenteil: Die internationale Staatengemeinschaft hat den Angriffskrieg mit überwältigender Mehrheit scharf zurückgewiesen. Am 2. März hat die Generalversammlung der Vereinten Nationen eine Resolution verabschiedet, die den Angriff verurteilt und den sofortigen Abzug der russischen Truppen verlangt. 141 Staaten stimmten dafür, es gab fünf Gegenstimmen bei 35 Enthaltungen.[38] Die Russische Föderation ist mit ihren rechtlichen Argumenten somit isoliert. Sie kommt nicht einmal in die Nähe davon, eine neue Interpretation des Gewaltverbots anzustoßen.[39] Der normative Gehalt des Gewaltverbots verändert sich durch den Verstoß nicht.

3 Erosion der Wirksamkeit des Gewaltverbots?

Auch wenn also juristisch das Friedenssicherungsrecht stabil bleibt, mag man den russischen Angriffskrieg aus soziologischer Perspektive als Beleg für die abnehmende Wirksamkeit des Völkerrechts als regulatives Medium in den internationalen Beziehungen verstehen. Das Gewaltverbot verliert an normativer Kraft, wenn es seltener eingehalten wird und auf Verstöße weniger scharf reagiert wird.[40] Hier bietet sich der Begriff der Normerosion als Analyseraster an, der in der politikwissenschaftlichen (aber auch in der rechtswissenschaftlichen) Debatte oft verwandt wird.[41] Eine Normerosion im hier verwandten Sinne liegt dann vor, wenn

37 Völkerrechtskommission, Fn. 35, Conclusion 10.

38 GA Res ES-11/1, 2. 3. 2022; dagegen stimmten Belarus, Eritrea, Nordkorea, Russland und Syrien.

39 Teils wird diese Reaktion der internationalen Gemeinschaft auf den russischen Angriffskrieg sogar als Beitrag zur „Stärkung des Gewaltverbots" eingeordnet, Walter, Fn. 1, S. 473 – 477.

40 Heike Krieger und Georg Nolte sprechen in Bezug auf das Friedenssicherungsrecht von „systemically relevant disregard for international law", Heike Krieger/Georg Nolte, The International Rule of Law–Rise or Decline?–Approaching Current Foundational Challenges, in: H. Krieger/G. Nolte/ A. Zimmermann (eds.), The International Rule of Law: Rise or Decline?, Oxford 2019, S. 3 (9 – 10).

41 Dabei konkurrieren unterschiedliche Verständnisse des Begriffs der Normerosion. Während teilweise eher ein Fokus auf die Frage der Normeinhaltung („compliance") gelegt wird (vgl. in Bezug auf „norm decay" Diana Panke/ Ulrich Petersohn, Why International Norms Disappear Sometimes, European Journal of International Relations 18 (2012), S. 719 (723)), wird teils eher auf die Norm-

zwei Kriterien gegeben sind: erstens, die Zunahme an Verstößen und zweitens die Abnahme von kritischen Reaktionen auf Verstöße gegen eine Norm.

Exemplarisch möchte ich einen Blick auf die Entwicklung der Praxis der Annexion sowie der Reaktionen hierauf werfen, da die Annexion als besonders schwerwiegender Verstoß gegen das Gewaltverbot gilt.[42] Eine Annexion ist die gewaltsame Einverleibung von fremdem Territorium.[43] Nach einem erfolgreichen Waffengang gegen einen anderen Staat wird sich fremdes Hoheitsgebiet angeeignet. Seit den 1930er Jahren hat sich im Völkerrecht ein Verbot dieser im 19. Jahrhundert weit verbreiteten Praxis entwickelt. In Reaktion auf den japanischen Überfall auf die Mandschurei verkündete der US-amerikanische Außenminister, dass die USA eine Situation, die entgegen dem im Briand-Kellogg-Pakt enthaltenen Kriegsverbot zustande gekommen sei, nicht anerkennen würden (die sogenannte Stimson-Doktrin).[44] Der Völkerbund knüpfte 1932 in einer Resolution an die Stimson-Doktrin an.[45] Unter der Satzung der Vereinten Nationen folgt das Annexionsverbot aus dem Gewaltverbot. Denn es gilt der Grundsatz, dass aus Unrecht kein Recht hervorgehen darf (*ex iniuria ius non oritur*). In der Friendly Relations Declaration von 1970 betont die Generalversammlung entsprechend, dass kein Gebietserwerb, der auf Androhung oder Anwendung von Gewalt beruht, als rechtmäßig anerkannt wird.[46]

---

geltung abgestellt (vgl. Elvira Rosert/Sonja Schirmbeck, Zur Erosion internationaler Normen, ZIP 14 (2007), S. 253 (258)). Teils spielen sowohl Elemente der Normgeltung als auch Fragen der Normeinhaltung eine Rolle, vgl. Aust/Payandeh, Fn. 36 S. 633; von Bernstorff, Fn. 36; Heike Krieger/Andrea Liese, A Metamorphosis of International Law? Value changes in the international legal order from the perspectives of legal and political science, KFG Working Paper Series, No. 27, Berlin Potsdam Research Group „The International Rule of Law – Rise or Decline?“, Berlin, January 2019, https://refubium.fu-berlin.de/bitstream/handle/fub188/23949/KFG%20Working%20Paper%20No.%2027(2019).pdf?sequence=2, S. 11–12; Nicole Deitelhoff/ Lisbeth Zimmermann, Things We Lost in the Fire: How Different Types of Contestation Affect the Robustness of International Norms, International Studies Review 22 (2020), S. 51 (53).

42 Vgl. auch von Bernstorff, Fn. 36.

43 Rainer Hofmann, Annexation, in: MPEPIL, Januar 2020, para 1; vgl. auch Marcelo Cohen, Conquest, in: MPEPIL, Februar 2015, para 4.

44 Thomas Grant, Doctrines (Monroe, Hallstein, Brezhnev, Stimson), in: MPEPIL, März 2014, para. 8–9.

45 Ibid., para. 11.

46 GA Res 2625 (XXV), Declaration on Principles of International Law concerning Friendly Relations and Co-operation among States in accordance with the Charter of the United Nations, 1883rd plenary meeting, 24.10.1970, S. 123.

Die Russische Föderation hat im Ukraine-Konflikt gegen das Annexionsverbot verstoßen. Zwar dementierte Putin zunächst Annexionspläne.[47] Am 30. September 2022 gliederte die Russische Föderation jedoch die ukrainischen Oblaste Luhansk, Donezk, Saporischschja und Cherson in ihr Territorium ein. Laut der Generalversammlung der Vereinten Nationen liegt darin eine „versuchte illegale Annexion".[48] Steht die russische Annexion ost- und südukrainischer Gebiete demnach für die Wiederkehr der oftmals totgesagten Praxis der Annexion?

In ihrem vielbeachteten Buch *The Internationalists and Their Plan to Outlaw War* haben Oona Hathaway und Scott Shapiro 2017 argumentiert, dass die Praxis territorialer Gebietserweiterungen besonders nach dem Zweiten Weltkrieg massiv zurückgegangen ist.[49] Statt öfter als einmal im Jahr sei es nur noch alle vier Jahre zu einem solchen Ereignis gekommen.[50] Zudem seien Annexionen viel seltener anerkannt und deutlich häufiger rückgängig gemacht worden.[51]

Und in der Tat: Es lassen sich mehrere Beispiele für scharfe Reaktionen des Sicherheitsrats der Vereinten Nationen auf Annexionen finden. So betonte der Sicherheitsrat in Reaktion auf Israels Annexion der Golanhöhen im Jahr 1981, dass die Entscheidung Israels, seine Gesetze, Rechtsprechung und Verwaltung auf die besetzten syrischen Golanhöhen zu erstrecken, „null und nichtig" und ohne völkerrechtliche Wirkung sei.[52] Zudem ist der Sicherheitsrat 1990/1991 effektiv gegen die irakische Annexion des Kuwait vorgegangen. Er verlangte einen unverzüglichen und bedingungslosen Rückzug der irakischen Streitkräfte[53] und erließ ein Wirtschafts-, Finanz-, und Waffenembargo. Schließlich ermächtigte der Sicherheitsrat mit der Stimme der Russischen Föderation die Mitgliedstaaten der Vereinten Nationen „alle erforderlichen Maßnahmen" zu ergreifen, also auch militärische.[54] Auf Grundlage dieser Resolution befreite eine Koalition von Staaten unter der Führung der USA den Kuwait.

---

47 Shaun Walker, Putin's absurd, angry spectacle will be a turning point in his long reign, 21.2.2022, https://www.theguardian.com/world/2022/feb/21/putin-angry-spectacle-amounts-to-declaration-war-ukraine

48 GA Res ES-11/4, 13.10.2022, para 2.

49 Oona Hathaway/ Scott Shapiro, The Internationalists and their Plan to Outlaw War, 2018, S. 313.

50 Ibid., S. 313–314.

51 Ibid., S. 315–323.

52 SR Resolution 497, 17.12.1981, S/RES/497; bereits in Reaktion auf die Besetzung der Golanhöhen und Ostjerusalems im Sechstagekrieg 1967 hatte der Sicherheitsrat die israelischen Streitkräfte aufgefordert, sich aus den besetzten Gebieten zurückzuziehen, vgl. SR Resolution 242, 22.11.1967, S/RES/242; dazu auch von Bernstorff, Fn. 36; Hofmann, Fn. 43, para 33.

53 Vgl. SR Resolution 660, 2.8.1990, S/RES/660.

54 SR Resolution 678, 29.11.1990, S/RES/678; lediglich Jemen und Kuba stimmten dagegen, China enthielt sich.

Im Unterschied dazu hat der Sicherheitsrat auf den russischen Angriffskrieg 2022 nicht mit einer schlagkräftigen Resolution reagiert. Erst Anfang Mai 2022 konnte sich der Sicherheitsrat auf ein „presidential statement“ einigen, in der lediglich die „starke Unterstützung für die Bemühungen des Generalsekretärs bei der Suche nach einer friedlichen Lösung“ ausgedrückt wird.[55] Bereits gegen die russische Annexion der Krim 2014 hat der Sicherheitsrat keine Stellung bezogen. Selbst die Resolution der Generalversammlung, mit der diese Annexion verurteilt wurde,[56] konnte sich auf nur 100 Ja-Stimmen stützen,[57] was angesichts des klaren Verstoßes gegen das Annexionsverbot wenig erscheinen mag. Auch die Anerkennung der Golanhöhen als israelisches Territorium durch die USA 2019 könnte als Beleg für die Erosion des Annexionsverbots gewertet werden.[58]

Allerdings muss man bei der Gegenüberstellung dieser Beispiele mit dem Fall des Irak einen wesentlichen Unterschied berücksichtigen. So handelt es sich beim Irak um kein ständiges Mitglied der Vereinten Nationen. In der Satzung der Vereinten Nationen ist mit dem Vetorecht der fünf ständigen Mitglieder angelegt, dass Sanktionen oder verurteilende Resolutionen des Sicherheitsrats gegen die ständigen Mitglieder kaum möglich sind. So konnte die Russische Föderation selbst mit ihrem Veto eine schärfere Reaktion auf den Überfall auf die Ukraine verhindern.[59]

Beachtlich erscheint hier vielmehr das Verhalten der Generalversammlung. Diese bezog – nachdem sie im März bereits den russischen Angriffskrieg verurteilt hatte –[60] auch gegen die Eingliederung der ost- und südukrainischen Gebiete in die Russische Föderation klar Stellung. Am 12. Oktober 2022 verabschiedete die Generalversammlung eine Resolution unter dem Titel „Territorial integrity of Ukraine. Defending the principles of the Charter of the United Nations“. Darin werden die „Scheinreferenden“ in den ost- und südukrainischen Gebieten verurteilt und betont, dass der Eingliederung keine völkerrechtliche Geltung zukomme.[61] 143 Staaten

---

55 Statement by the President of the UN Security Council on Ukraine, 6.5.2022, S/PRST/2022/3.

56 UN, GV Resolution 68/262, 27.3.2014, A/RES/68/262;

57 Die Abstimmung erging mit 100 Ja-Stimmen bei 58 Enthaltungen und 11 Gegenstimmen, 24 Staaten blieben der Abstimmung fern, vgl. UN, GV 80th Plenary Meeting, Official Records, 27.3.2014, A/68/PV.80.

58 Donald J. Trump, Proclamation on Recognizing the Golan Heights as Part of the State of Israel, 25. März 2019, https://trumpwhitehouse.archives.gov/presidential-actions/proclamation-recognizing-golan-heights-part-state-israel/

59 Die von Albanien und den USA eingebrachte Resolution S/2022/155 konnte nicht angenommen werden.

60 GA Res ES-11/1, 2.3.2022.

61 GA Res ES-11/4, 12.10.2022, A/Res/ES-11/4.

stimmten für die Resolution, 5 dagegen und 35 enthielten sich.[62] Wenn man die Zahlen mit Generalversammlungsresolutionen vergleicht, die im Kalten Krieg gegen ein ständiges Mitglied der Vereinten Nationen gerichtet waren,[63] wird deutlich, dass die ¾ Mehrheit Ausdruck für eine große Geschlossenheit der internationalen Gemeinschaft ist. Als Beleg für die Erosion des Gewaltverbots taugt die Resolution nicht.

62 Vgl. GA Res, Territorial integrity of Ukraine: Defending the Principles of the Charter of the United Nations, 12.10.20220, https://digitallibrary.un.org/record/3990400?ln=en

63 Vgl. dazu Felix Lange, Verliert das Völkerrecht an Bedeutung?, 3.9.2022, https://www.lto.de/recht/hintergruende/h/voelkerrecht-krise-russland-ukraine-krieg-un-vereinte-nationen-bedeutung/

II „Putin nach Den Haag“?

1 Das Verbrechen der Aggression

Können Putin und seine engere Führung wie die Hauptkriegsverbrecher des nationalsozialistischen Deutschlands für die Entfachung des Angriffskriegs strafrechtlich zur Verantwortung gezogen werden? Das Völkerstrafrecht hat nach den Nürnberger und Tokioter Prozessen während des Kalten Kriegs eine eher untergeordnete Rolle gespielt. In den 1990er Jahren erfuhr es jedoch einen Bedeutungsgewinn. Der Sicherheitsrat autorisierte die Errichtung von *ad-hoc*-Strafgerichtshöfen mit Gerichtsbarkeit für schwere Verbrechen, die im ehemaligen Jugoslawien und in Ruanda begangen worden waren.[64] Die Verabschiedung des Statuts des IStGH 1998 bildete einen Höhepunkt in der Entwicklung. Nicht mehr situativ in Bezug auf bestimmte Konflikte eingerichtete Tribunale, sondern ein ständiger Gerichtshof mit weitreichender Gerichtsbarkeit war errichtet. Straflosigkeit für die völkerrechtlich anerkannten Kernverbrechen sollte es nicht mehr geben.[65]

Wie steht es um den russischen Angriffskrieg? War nicht vorgesehen, dass genau Fälle wie dieser vor den IStGH gelangen? Der Internationale Militärgerichtshof in Nürnberg beschrieb das Verbrechen der Aggression bereits 1946 als „das oberste internationale Verbrechen, dass sich von anderen Kriegsverbrechen dadurch unterscheidet, dass es das gesamte Übel in sich trägt.“[66] In der öffentlichen Debatte werden teilweise große Hoffnungen in einen Gerichtsprozess gesetzt. Auf Solidarisierungsdemonstrationen mit der Ukraine sind Schilder mit dem Slogan „Putin nach Den Haag“ keine Seltenheit.[67]

Das IStGH-Statut zählt das Verbrechen des Angriffskriegs bzw. das Verbrechen der Aggression zu den Kernverbrechen (vgl. Art. 8bis IStGH-Statut). Angriffshandlung ist nach dessen Absatz 2 jede „gegen die territoriale Souveränität oder die politische Unabhängigkeit eines Staates gerichtete oder sonst mit der Satzung der

64 SR Res 827, 25.5.1993, S/Res/827 (1993); SR Res 955, 8.11.1994, S/Res/955 (1994).

65 Zur jüngeren Geschichte des internationalen Strafrechts vgl. Benjamin Schiff, Building the International Criminal Court (2008); David Bosco, Rough Justice: The International Criminal Court in a World of Power Politics (2014).

66 Im englischen Original wird das Angriffsverbrechen als „the supreme international crime differing only from other war crimes in that it contains within itself the accumulated evil of the whole“ bezeichnet, International Military Tribunal (Nürnberg), Urteil vom 1. Oktober 1946, S. 25 (421), https://crimeofaggression.info/documents/6/1946_Nuremberg_Judgement.pdf

67 Vgl. die Schilder auf Solidarisierungsdemonstrationen mit der Ukraine, z. B. ARD, Russischer Agent wollte Gericht ausspionieren, 17.6.2022, https://www.tagesschau.de/investigativ/russland-spion-gru-101.html

 https://doi.org/10.1515/9783111203478-003

Vereinten Nationen unvereinbare Anwendung von Waffengewalt durch einen anderen Staat“. Diese Handlung ist aber nach Absatz 1 nur dann tatbestandsmäßig, wenn sie „ihrer Art, ihrer Schwere und ihrem Umfang nach eine offenkundige Verletzung der Charta der Vereinten Nationen“ darstellt. Durch die Einführung dieser Schwellenklausel, die zentrale Vorbedingung für die Aufnahme des Aggressionsverbrechens in das Statut war, wird die völkerrechtswidrige Angriffshandlung vom strafbewährten Verbrechen der Aggression unterschieden.

Dass der russische Angriffskrieg nach Art, Schwere und Umfang einen offenkundigen Verstoß gegen das Gewaltverbot darstellt, lässt sich kaum bezweifeln. Zu eindeutig ist der Verstoß, zu weitreichend die „militärische Spezialoperation“. Die Deutsche Gesellschaft für Internationales Recht spricht in ihrer Erklärung zum russischen Angriff vom Missbrauch „der Sprache des Völkerrechts“ und „juristisch nicht haltbare[n] Rechtsbehauptungen“.[68]

Dennoch: die Aussichten, das Putin vor dem IStGH für den Angriffskrieg zur Verantwortung gezogen wird, sind schlecht. Dafür gibt es faktische Gründe (wie sollte man Putin habhaft werden?), aber auch rechtliche Gründe. Auf letztere möchte ich eingehen: So gilt gerade für das Verbrechen der Aggression ein striktes Zuständigkeitsregime. Vor allem auf Grund US-amerikanischer Vorbehalte avancierte der Tatbestand in den Verhandlungen zur Errichtung des IStGH zum Nachzügler mit begrenzter Reichweite.[69] Erst 2010 entschieden sich die Vertragsparteien in Kampala für die Aktivierung des Verbrechens der Aggression, die dann 2018 erfolgte.[70] Das Statut bestimmt in Art. 15bis, dass der IStGH keine Jurisdiktion für das Verbrechen der Aggression besitzt, wenn es von Staatsangehörigen eines Nichtvertragsstaates oder auf dem Hoheitsgebiet eines Nichtvertragsstaates begangen wird. Damit ist das Zuständigkeitsregime enger ausgestaltet als die Regelungen zur Gerichtsbarkeit für die drei anderen Kernverbrechen – also für Völkermord, Verbrechen gegen die Menschlichkeit und Kriegsverbrechen.

Die Russische Föderation ist keine Vertragspartei des IStGH-Statuts. Zwar hatte sie das Statut in der ersten Amtszeit von Putin im August 2000 unterzeichnet, aber nie ratifiziert.[71] Zudem hat die Russische Föderation 2016 – als sich eine Untersuchung des Gerichtshofs zu der Situation in Georgien abzeichnete – erklärt, dass sie

68 Vgl. Deutsche Gesellschaft für Internationales Recht, Erklärung zum russischen Angriff auf die Ukraine (24. Februar 2022), https://dgfir.de/

69 Dazu ausführlich Claus Kreß, Die Aktivierung der Zuständigkeit des Internationalen Strafgerichtshofs für das Verbrechen der Aggression, Archiv des Völkerrechts 56 (2018), S. 269.

70 Zu den Umständen, ibid., S. 276 – 285.

71 Vgl. dazu Bakhtiyar Tuzmukhamedov, Russia and the International Criminal Court: From Uncertain Engagement to Positive Disengagement, in Viviane Dittrich/Alexander Heinze, The Past, Present and Future of the International Criminal Court (2021), S. 733.

nicht länger beabsichtige, dem IStGH-Statut beizutreten.[72] Demnach gilt: die Staatsangehörigen des Nichtvertragsstaates Russland können vor dem IStGH nicht für das Aggressionsverbrechen belangt werden.[73]

Die mögliche Ausnahme zu dieser Regel ist lediglich theoretischer Natur. So kann der Sicherheitsrat eine Situation in einem bestimmten Staat auch im Hinblick auf das Aggressionsverbrechen an den IStGH überweisen.[74] Eine solche Resolution kann die Russische Föderation aber per Vetorecht blockieren. Diese rechtlichen Hürden machen Prozesse gegen Putin, Lawrow und andere Verantwortungsträger vor dem IStGH wegen des Verbrechens des Angriffskriegs praktisch unmöglich.

Deswegen wird nach alternativen Möglichkeiten gesucht. Vom ukrainischen Außenminister unterstützt betreibt der ehemalige britische Premier Sir Gordon Brown das Projekt der Errichtung eines Sondertribunals für das Aggressionsverbrechen gegen die Ukraine.[75] Man erinnere sich: auch das Nürnberger Tribunal war auf Grundlage eines Vertrages errichtet worden, dem Deutschland nicht beigetreten war.[76] Der Vorschlag wird unterschiedlich bewertet. Zum einen steht die Frage im Zentrum, ob sich die Russische Föderation gegenüber einem solchen Tribunal auf die Immunität ihrer amtierenden höchsten Regierungsmitglieder berufen kann.[77] Zum zweiten wird kontrovers über die politische Opportunität eines solchen Gerichts diskutiert.[78] Jedenfalls hat das Europäische Parlament bereits im Mai 2022

---

72 Statement by the Russian Foreign Ministry, 16 November 2016, http://www.legal-tools.org/doc/e4qrh0/.

73 Zudem machen Art. 15bis 6 und 7 die Aufnahme von Ermittlungen durch den Ankläger von einer Feststellung des Sicherheitsrats abhängig, dass „der betreffende Staat eine Angriffshandlung begangen hat." Eine solche Feststellung kann die Russische Föderation freilich blockieren.

74 Vgl. Art. 13 b) IStGH-Statut für dessen Anwendung die weiteren in Art. 12 (2) IStGH-Statut statuierten Voraussetzungen nicht vorliegen müssen.

75 Vgl. Statement, Calling for the Creation of a Special Tribunal for the Punishment of the Crime of Aggression against Ukraine, März 2022, https://gordonandsarahbrown.com/wp-content/uploads/2022/03/Combined-Statement-and-Declaration.pdf

76 Vgl. Agreement by the Government of the United Kingdom of Great Britain and Northern Ireland, the Government of the United States of America, the Provisional Government of the French Republic and the Government of the Union Soviet Socialist Republics for the Prosecution and Punishment of the Major War Criminals of the European Axis, 8.8.1945.

77 Dagegen Astrid Reisinger Coracini/Jennifer Trahan, The Case for Creating a Special Tribunal to Prosecute the Crime of Aggression Committed Against Ukraine (Part VI): on the Non-Applicability of Personal Immunities, 8.11.2022, https://www.justsecurity.org/84017/the-case-for-creating-a-special-tribunal-to-prosecute-the-crime-of-aggression-committed-against-ukraine-part-vi-on-the-non-applicability-of-personal-immunities/

78 Dafür Carrie McDougall, Why Creating a Special Tribunal for Aggression against Ukraine Is the Best Available Option: A Reply to Kevin Jon Heller and Other Critics, OpinioJuris (Blog), 15.3.2022, https://opiniojuris.org/2022/03/15/why-creating-a-special-tribunal-for-aggression-against-ukraine-is-

eine unterstützende Resolution für den Vorschlag angenommen und die Außenminister und Außenministerinnen der G-7 haben sich im April 2023 dafür ausgesprochen, die Errichtung eines „internationalized tribunal based in Ukraine's judicial system“ weiter zu erkunden.[79]

2 Verbrechen gegen die Menschlichkeit und Kriegsverbrechen

Die Debatte sollte sich allerdings nicht allein auf die Bestrafung des Verbrechens der Aggression verengen. Denn die Gerichtsbarkeit des IStGH erstreckt sich auch auf Kriegsverbrechen, Verbrechen gegen die Menschlichkeit und Völkermord. Es gibt stichhaltige Anhaltspunkte dafür, dass in der Ukraine zumindest Kriegsverbrechen und Verbrechen gegen die Menschlichkeit begangen wurden.[80] Man denke nur an die grauenhaften Bilder aus Butcha. Auch wenn die Beweislage im Einzelfall abzuwarten bleibt: Die vorsätzliche Tötung von Soldaten und Zivilisten könnten als Kriegsverbrechen nach Art. 8 IStGH-Statut oder als Verbrechen gegen die Menschlichkeit nach Art. 7 des IStGH-Statuts einzuordnen sein.[81] Auch die Bombardierung der zivilen Infrastruktur, insbesondere der Stromversorgung der ukrainischen Zivilbevölkerung, lässt sich wohl als Kriegsverbrechen klassifizieren. Zumindest einige der Verbrechen werden sich vermutlich auch der politischen Führung zuordnen lassen.

Für diese Verbrechen sind die Zuständigkeitsschranken nicht gleich hoch. Denn für diese Verbrechen besteht die Jurisdiktion des IStGH auch in Bezug auf russische Staatsangehörige. Zwar ist die Ukraine dem IStGH-Statut nicht beigetreten. Sie hat jedoch 2014 dessen Gerichtsbarkeit zunächst temporär und dann für einen unbegrenzten Zeitraum nach Art. 12 (3) IStGH-Statut anerkannt.[82] Deswegen erstreckt

---

the-best-available-option-a-reply-to-kevin-jon-heller-and-other-critics/; dagegen Kevin Jon Heller, Creating a Special Tribunal for Aggression Against Ukraine is a Bad Idea, 7.3.2022, https://opiniojuris.org/2022/03/07/creating-a-special-tribunal-for-aggression-against-ukraine-is-a-bad-idea/; Sergey Vasiliev, Aggression against Ukraine: Avenues for Accountability for Core Crimes, 3.3.2022, https://opiniojuris.org/2022/03/07/creating-a-special-tribunal-for-aggression-against-ukraine-is-a-bad-idea/

79 Vgl. European Parliament resolution on the fight against impunity for war crimes in Ukraine (2022/2655(RSP)) https://www.europarl.europa.eu/doceo/document/B-9-2022-0285_EN.html; G7 Japan 2023 Foreign Ministers' Meeting Communiqué, 18.4.2023, https://www.auswaertiges-amt.de/en/newsroom/news/g7-japan-2023/2593360

80 Vgl. dazu The Global Accountability Network, Russian War Crimes Against Ukraine. The Breach of International Humanitarian Law by the Russian Federation, April 2022, https://papers.ssrn.com/sol3/papers.cfm?abstract_id=4106901

81 Zu möglich erfüllten Straftatbeständen, vgl. Bock, Fn. 1, S. 90 – 92.

82 Vgl. Ukraine, Situation in Ukraine, ICC-01/22, https://www.icc-cpi.int/ukraine

sich die Gerichtsbarkeit des IStGH auf Verbrechen, die seit November 2013 auf ukrainischem Hoheitsgebiet stattgefunden haben. Das gilt nach dem in Art. 12 (2) IStGH-Statut kodifizierten Territorialitätsprinzip auch für auf ukrainischem Hoheitsgebiet begangene Verbrechen russischer Staatsangehöriger, obwohl die Russische Föderation Nichtvertragsstaat ist.[83]

Entsprechend gab bereits am 28. Februar 2022 der Chefkläger des IStGH Karim A. A. Khan bekannt, dass er von Amts wegen Ermittlungen aufnehmen wolle.[84] Weil mittlerweile mehr als 40 Vertragsstaaten – darunter auch Deutschland – die Situation dem Ankläger unterbreitet haben,[85] muss er für seine Ermittlungen auch nicht die sonst erforderliche Genehmigung der am IStGH eingerichteten Vorverfahrenskammern abwarten.[86] Der Chefankläger und sein Team sind in der Ukraine mit der Beweissicherung befasst und haben dafür auch erhebliche materielle Unterstützung von einigen Staaten erhalten.[87] Am 17. März 2023 bestätigte eine Vorverfahrenskammer des IStGH zudem die Haftbefehle gegen Wladimir Putin und Maria Lwowa-Belowa wegen der Verschleppung von ukrainischen Kindern.[88] Als Zwischenergebnis gilt demnach: russische Staatsangehörige können vor dem IStGH nicht für das Verbrechen der Aggression belangt werden, jedoch kommen Verfahren wegen Kriegsverbrechen, Verbrechen gegen die Menschlichkeit und Völkermord in Betracht.

---

83 Art. 12 (2) IStGH-Statut: „Im Fall des Artikels 13 Buchstabe a oder c kann der Gerichtshof seine Gerichtsbarkeit ausüben, wenn einer oder mehrere der folgenden Staaten Vertragspartei dieses Statuts sind oder in Übereinstimmung mit Absatz 3 die Gerichtsbarkeit des Gerichtshofs anerkannt haben: der Staat, in dessen Hoheitsgebiet das fragliche Verhalten stattgefunden hat, oder, sofern das Verbrechen an Bord eines Schiffes oder Luftfahrzeugs begangen wurde, der Staat, in dem dieses registriert ist; b) der Staat, dessen Staatsangehörigkeit die des Verbrechens beschuldigte Person besitzt."

84 Statement of ICC Prosecutor, Karim A.A. Khan QC, 28.2.2022, https://www.icc-cpi.int/news/statement-icc-prosecutor-karim-aa-khan-qc-situation-ukraine-i-have-decided-proceed-opening

85 Vgl. Ukraine, Situation in Ukraine, ICC-01/22, https://www.icc-cpi.int/ukraine.

86 Vgl. Art. 13 (3) und 14 IStGH-Statut.

87 Vgl. z.B. ICC Prosecutor Karim A.A. Khan QC announces deployment of forensics and investigative team to Ukraine, welcomes strong cooperation with the Government of the Netherlands, 17.5.2022, https://www.icc-cpi.int/news/icc-prosecutor-karim-aa-khan-qc-announces-deployment-forensics-and-investigative-team-ukraine

88 ICC, Press Release, 17.3.2023, https://www.icc-cpi.int/news/situation-ukraine-icc-judges-issue-arrest-warrants-against-vladimir-vladimirovich-putin-and

3 Immunität ratione personae

Allerdings existiert eine weitere Grenze gerade für die Verfolgung der Führungselite: die völkergewohnheitsrechtlich anerkannten Immunitätsregeln. Aus dem in Art. 2 Nr. 1 der Satzung der Vereinten Nationen verankerten Grundsatz der souveränen Gleichheit der Staaten wird abgeleitet, dass ein Staat nicht über einen anderen Staat Gericht sitzen darf (*par in parem non habet imperium*).[89] Aus diesem Grundsatz lässt sich auch die Immunität natürlicher Personen ableiten, die für einen Staat handeln.

Dabei ist zu unterscheiden: funktionelle Immunität gilt für Hoheitsträger im Rahmen ihrer offiziellen Tätigkeiten (*ratione materiae*) und lässt Durchbrechungen zu.[90] Absolute Immunität gilt für die höchsten Regierungsvertreter (*ratione personae*) während ihrer Amtszeit und lässt grundsätzlich keine Durchbrechungen zu.[91] Diese absolute Immunität erstreckt sich nach Völkergewohnheitsrecht jedenfalls auf die sogenannte Trias aus Staatschef, Regierungschef und Außenminister.[92] Denn gerade im Hinblick auf diese höchsten Repräsentanten des Staates können Strafverfolgungsmaßnahmen die Funktionalität der internationalen Beziehungen beeinträchtigen.[93] Daraus folgt: Als Regierungschef und Außenminister können sich Putin und Lawrow auf die absolute Immunität berufen. Sie können im zwischenstaatlichen Verhältnis nicht vor dem Gericht eines fremden Staates angeklagt werden.

Fraglich ist jedoch, ob die absolute Immunität auch eine Schranke für die Gerichtsbarkeit internationaler Strafgerichte darstellt. Für Vertragsparteien setzen die Statute internationaler Strafgerichte Immunitätsregeln oftmals explizit aus. So bestimmt Art. 27 Abs. 2 IStGH-Statut, dass Immunitäten und die Amtsträgerschaft die Ausübung der Gerichtsbarkeit durch den Gerichtshof nicht hindern. Das Staats-

89 IGH, *Immunities of the State (Germany v Italy)*, Judgment of 3.2.2012, ICJ Rep 2012, S.99, para 57.
90 Vgl. Völkerrechtskommission, Draft article 7, A/CN.4/L.969, 31.5.22, https://documents-dds-ny.un.org/doc/UNDOC/LTD/G22/353/99/PDF/G2235399.pdf?OpenElement; es ist allerdings umstritten, ob der nur mit Gegenstimmen angenommene Draft Article 7 der Völkerrechtskommision, der auf Durchbrechungen für bestimmte Völkerrechtsverbrechen verweist, Völkergewohnheitsrecht entspricht, vgl. zur Reaktion der Staaten Janina Barkholdt/Julian Kulaga, Analytical Presentation of the Comments and Observations by States on Draft Article 7, paragraph 1, of the ILC Draft Articles on Immunity of State officials from foreign criminal jurisdiction, United Nations General Assembly, Sixth Committee, 2017, https://publishup.uni-potsdam.de/opus4-ubp/frontdoor/deliver/index/docId/42212/file/kfg_wps14.pdf
91 Völkerrechtskommission, Draft article 4, Fn. 89.
92 Ibid., Draft article 3.
93 Vgl. IGH, Arrest Warrant of 11 April 2000 (Dem. Rep. Congo v. Belg.), 2002 ICJ Rep 3, para 53.

oberhaupt eines Staates, der das IStGH-Statut ratifiziert hat, kann sich vor dem IStGH also nicht erfolgreich auf seine absolute Immunität berufen.

Aber gilt der Ausschluss der Immunität in Art. 27 Abs. 2 IStGH-Statut auch für Nichtvertragsparteien, obwohl sie dem Statut nicht beigetreten sind? Das Argument, dass die Immunitätsregeln auch für Nichtvertragsstaaten suspendiert wurden, wird häufig auf ein *obiter dictum* in der Yerodia-Entscheidung des IGH (!) von 2002 gestützt. Der IGH urteilte zwar, dass der amtierende kongolesische Außenminister vor Strafverfolgung vor nationalen Gerichten durch seine Immunität *ratione personae* geschützt sei.[94] Der Gerichtshof betonte jedoch, dass dies vor internationalen Strafgerichten anders sein könnte. Die absolute Immunität würde nicht vor 'certain international criminal courts, where they have jurisdiction' gelten.[95] Dabei nannte der IGH die *ad-hoc*-Strafgerichtshöfe für Jugoslawien und Ruanda sowie den IStGH ausdrücklich als Beispiele.[96]

Einige Entscheidungen internationaler Strafgerichte erkennen entsprechend Durchbrechungen der absoluten Immunität von amtierenden Regierungsmitgliedern an. So wurde der amtierende Präsident der Bundesrepublik Jugoslawien Slobodan Milosevic bereits im Mai 1999 vor dem Internationalen Strafgerichtshof für das ehemalige Jugoslawien angeklagt und dessen Anklage vom Gerichtshof bestätigt.[97] 2004 berief sich der Sondergerichtshof für Sierra Leone auf die Yerodia-Entscheidung und urteilte, dass Immunitätsregeln einem gerichtlichen Verfahren gegen das amtierende Staatsoberhaupt von Liberia Charles Taylor nicht entgegenstünden.[98] 2019 bestätigte eine Rechtsmittelkammer des IStGH, dass Jordanien durch seine Unterlassung der Verhaftung des amtierenden sudanesischen Präsidenten Omar al-Bashir gegen seine Verpflichtungen aus dem IStGH-Statut verstoßen habe.[99] Absolute Immunität eines Regierungschefs bestehe vor internationalen Gerichten nicht.[100]

---

94 Ibid., paras. 54–55.

95 Ibid., para 61.

96 Ibid., para 61.

97 Internationalen Strafgerichtshof für das ehemalige Jugoslawien, Decision on Review of the Indictment and Application for Consequential Orders, 24.5.1999, https://www.icty.org/x/cases/slobodan_milosevic/tdec/en/052499rev.htm; auf die begrenzte Eignung als „precedent" allerdings hinweisend, Claus Kreß, The International Criminal Court and Immunities under International Law for States Not Party to the Court's Statute, in Morten Bergsmo/Ling Yan (Hrsg.), State Sovereignty and International Criminal Law (2012), S. 223 (253).

98 Sondergerichtshof für Sierra Leone, Decision on Immunity from Jurisdiction, 31.5.2004, http://www.worldcourts.com/scsl/eng/decisions/2004.05.31_Prosecutor_v_Taylor.htm

99 Appeals Chamber, ICC-02/05–012/09 OA2, 6.5.2019, https://www.icc-cpi.int/sites/default/files/CourtRecords/CR2019_02593.PDF.

100 Ibid,. para 1.

Diese Sichtweise ist nicht unumstritten.[101] Überträgt man die skizzierte Rechtsprechungslinie dennoch auf den Russland/Ukraine-Fall, kommt man zunächst zu folgendem Ergebnis: Während Putin und Lawrow auf Grund ihrer Immunität vor der Strafverfolgung durch nationale Gerichte geschützt sind, gilt dies für Verfahren vor dem IStGH nicht.[102] Davon geht – wie der Haftbefehl gegen Putin zeigt – auch der Chefankläger des IStGH Karim Khan aus.[103]

Damit ist die Sache jedoch nicht geklärt. Problematisch bleibt, wie man die amtierenden Regierungsmitglieder vor den IStGH bringt. Putin selbst wird nicht einfach kommen. Es bedarf der Vollstreckung des Haftbefehls durch einen Staat. Der IStGH kann ein Ersuchen zur Festnahme und Überstellung an einen Staat stellen, dem dieser in der Regel nachkommt. Allerdings kann es sein, dass der Staat die Person nicht überstellen darf. Art. 98 I IStGH-Statut statuiert, dass der IStGH kein Rechtshilfeersuchen stellen darf, das vom ersuchten Staat verlangen würde, in Bezug auf die Staatenimmunität entgegen seiner völkerrechtlichen Verpflichtungen zu handeln.[104] Es könnte somit ein Spannungsverhältnis zwischen der für die Vertragsstaaten bestehende Kooperationspflicht mit dem IStGH (vgl. Art. 89 IStGH-Statut) und den Immunitätsregeln bestehen.

Am Fall des sudanesischen Präsidenten Omar Al-Bashir hat sich in den letzten Jahren eine heftige Kontroverse über die Frage entzündet, wie mit diesem Spannungsverhältnis umzugehen ist.[105] Trotz zweier Haftbefehle des IStGH haben Vertragsstaaten wie Südafrika, Jordanien und Mali Al-Bashir nicht an den IStGH überstellt. Die Rechtsmittelkammer des IStGH hat in einer Jordanien betreffenden Entscheidung zu Gunsten der Kooperationspflicht und gegen die Immunität entschieden.[106] Der Staat vollzieht den Haftbefehl nach dieser Konstruktion im Auftrag des internationalen Strafgerichts, so dass es zur Durchbrechung der absoluten Immunität kommt.

---

101 So sind die gerichtlichen Entscheidungen zu Charles Taylor und Omar Al-Bashir als schwach begründet kritisiert worden, vgl. Dapo Akande, The Immunity of Heads of States of Nonparties in the Early Years of the ICC, AJIL Unbound 112 (2018), S. 172–176.

102 So auch Ambos, Fn. 1, S. 172; Bock, Fn.1, S. 97–98; Reisinger Coracini/Trahan, Fn. 77.

103 Shona Murray, Putin's position would not give him „immunity“ from war crime prosecution, says ICC chief prosecutor, 13.10.2022, https://www.euronews.com/my-europe/2022/10/12/putins-position-would-not-give-him-immunity-from-war-crime-prosecution-says-icc-chief-pros

104 Dazu ausführlich Claus Kreß, Art. 98, in: Kai Ambos (Hrsg.), Rome Statute of the International Criminal Court (4. Aufl. 2022), Rn. 1–10.

105 Vgl. statt vieler Dire Tladi, The duty on South Africa to arrest and surrender President Al-Bashir under South African and international law: A perspective from international law, Journal of International Criminal Justice 13 (2015), 1027; a.A. Kreß, Fn. 96, S. 240–265.

106 Berufungskammer IStGH, ICC-02/05–012/09 OA2, 6.5.2019, https://www.icc-cpi.int/sites/default/files/CourtRecords/CR2019_02593.PDF.

Ob diese Rechtsprechung auch auf Putin Anwendung finden kann, ist offen. So lag dem Haftbefehl gegen Al-Bashir eine Überweisung der Situation durch den Sicherheitsrat zu Grunde.[107] Da die Sicherheitsratsresolution das IStGH-Statut für anwendbar erklärte, sprach in diesem Fall einiges für eine Anwendbarkeit des Art. 27 Abs. 2 IStGH-Statut, der die Immunitätsregeln für Al-Bashir suspendierte. In Bezug auf die Situation der Ukraine hat es freilich eine Überweisung an den IStGH durch den Sicherheitsrat nicht geben. Existiert eine Ausnahme zur Immunität *ratione personae* auch abseits einer Überweisung durch den Sicherheitsrat als Völkergewohnheitsrecht? Wie diese umstrittene Frage zu beantworten ist, wird sich auch an der Staatenpraxis ablesen lassen, die sich in Reaktion auf den russischen Angriffskrieg entwickelt.

Insgesamt gilt für dieses Themenfeld: Aus rechtlicher Perspektive sind Prozesse gegen Putin und Lawrow vor dem IStGH wegen Kriegsverbrechen und Verbrechen gegen die Menschlichkeit grundsätzlich denkbar. Zwar gibt es rechtlich Unsicherheiten und sicherlich große faktische Herausforderungen. Zudem mahlen die Mühlen des internationalen Strafrechts oft sehr langsam. Zumindest werden jedoch die Beweise für entsprechende Prozesse bereits jetzt gesichert. Das mag auch bei Prozessen gegen Täter von Nutzen sein, die nicht in der ersten Reihe stehen und damit nicht der absoluten Immunität unterfallen.

107 SR Res 1593, 31.3.2005, S/Res/1593 (2005)

III Rechtmäßigkeit der Individualsanktionen der EU

Aus völkerrechtlicher Perspektive stellt sich nicht nur die Frage der Legalität oder Illegalität des Verhaltens der Russischen Föderation und die Frage der strafrechtlichen Verantwortung der russischen Führung. Auch erscheint es wichtig, dass die Reaktionen auf den Angriffskrieg rechtlichen Maßstäben standhalten. Insbesondere lohnt es sich, die EU-Sanktionen gegen den russischen Staat sowie russische Unternehmen und Privatpersonen in den Blick zu nehmen.[108] Diese sind Teil der dezentralen Reaktion von Teilen der Staatengemeinschaft auf den Verstoß gegen das Gewaltverbot. Politisches Ziel der EU ist „dem Kreml die Mittel zur Finanzierung des Kriegs zu kappen, der für die Invasion verantwortlichen politischen Elite in Russland spürbare wirtschaftliche und politische Kosten aufzuerlegen und die russische Wirtschaft zu schwächen."[109]

Die Sanktionen sind in ihrer Reichweite beispiellos. Allein die EU hat seit dem Angriffskrieg zehn Sanktionspakte erlassen, die den Ausschluss Russlands vom SWIFT-System und das Einfrieren der außerhalb Russlands befindlichen Devisen der russischen Zentralbank beinhalten.[110] Hier sollen die personenbezogenen Sanktionen der EU im Vordergrund stehen.[111] Diese gezielten Individualsanktionen richten sich gegen russische Einzelpersonen, die auf Sanktionslisten im Anhang zu vom Rat beschlossenen Verordnungen „gelistet" werden. Sie erfassen nicht nur die höhere politische Führung um Putin, Lawrow sowie die Mitglieder der russischen Duma. Sie beziehen sich auch auf Direktoren/Geschäftsführer russischer Staatsunternehmen sowie für die russische Wirtschaft bedeutende Unternehmer (oft als „Oligarchen" bezeichnet). Zudem wurden die beiden Töchter Putins, sowie Ehefrauen und Schwestern von Geschäftsleuten gelistet.[112]

Die Listung bedeutet, dass sämtlich in der EU befindliche Gelder und wirtschaftliche Ressourcen, die im Eigentum oder Besitz der gelisteten Personen stehen,

---

108 Zu den Sanktionen Gerd Schwendinger/Katja Göcke, Die Russland-Sanktionen der EU, EuZW 2022, S. 499.

109 Europäische Kommission, EU-Sanktionen gegen Russland infolge der Ukraine-Invasion, https://eu-solidarity-ukraine.ec.europa.eu/eu-sanctions-against-russia-following-invasion-ukraine_de

110 Zu deren Rechtmäßigkeit vgl. z. B. Matthias Goldmann, Hot War and Cold Freezes: Targeting Russian Central Bank Assets, Verfassungsblog, 28.2.2022, https://verfassungsblog.de/hot-war-and-cold-freezes/

111 Vgl. auch Kilian Wegener, EU-Individualsanktionen auf Grund des russischen Angriffskriegs auf die Ukraine, Geldwäsche und Recht, S. 35; Marian Niestedt/ Noémie Lesko, Individualklagen gegen die EU-Russland Sanktionen, UKuR 2022, S. 337.

112 Vgl. dazu Schwendinger/Göcke, Fn. 108, S. 501.

 https://doi.org/10.1515/9783111203478-004

eingefroren werden. Die gelisteten Personen dürfen für die Dauer der Listung über diese Gelder und Ressourcen nicht verfügen. Allerdings bleiben die Gelder und Ressourcen im Eigentum der gelisteten Personen. Sie dürfen etwa ein Auto, eine Yacht oder ein Haus weiter für private Zwecke nutzen, aber keine Verfügungen darüber treffen.[113] Die Individualsanktionen scheinen zu wirken. Pjotr Awen, der ein geschätztes Vermögen von 5,6 Milliarden Dollar besitzt, hat sich in der Financial Times gefragt, ob er überhaupt noch seinen Fahrdienst und seine Reinigungskraft bezahlen dürfe.[114]

Aber sind diese Sanktionen auch rechtmäßig? Wo liegen ihre Grenzen? Genügt der wirtschaftliche Profit der russischen Unternehmer, genügen die verwandtschaftlichen Beziehungen als Anknüpfungspunkt für derart weitreichende Beschränkungen der Nutzungsbefugnisse des Eigentums?

Für die rechtliche Beurteilung möchte ich hier auf das Unionsrecht abstellen.[115] Denn im Unionsrecht ist anerkannt, dass sich gelistete Personen gerichtlich gegen die Sanktionen zu Wehr setzen können. Zwar verfügen die Unionsgerichte nur über eine begrenzte Zuständigkeit in Bezug auf die Überprüfung der Gemeinsamen Außen- und Sicherheitspolitik (GASP) der EU .[116] Art. 275 Abs. 2 des Vertrags über die Arbeitsweise der Europäischen Union (AEUV) enthält jedoch eine Ausnahme für Nichtigkeitsklagen, die sich auf durch den Rat angeordnete restriktive Maßnahmen gegenüber natürlichen oder juristischen Personen beziehen.[117] Bis heute sind beim Gericht der Europäischen Union (EuG) über 30 Klagen von natürlichen Personen gegen die Sanktionen anhängig gemacht worden. Zu den Klägern zählt z. B. Roman Abramovitsch, vielen bekannt als früherer Eigner des Chelsea Football Club.

Steht damit fest, dass der Rechtsweg eröffnet ist, stellt sich die Frage, ob die Klagen auch in der Sache Aussicht auf Erfolg haben. Die Rechtsgrundlage für die personenbezogenen Sanktionen bildet Art. 215 Abs. 2 AEUV. Danach kann der Rat

---

113 Ibid, S. 501.

114 Financial Times, 'Will I be allowed a cleaner, or a driver?' Life after sanctions for a Russian oligarch, 25. 3. 2022, https://www.ft.com/content/5e4ffb26-a167-4b90-9981-084fc6a50ea4

115 Zu Sanktionen nach Völkerrecht, vgl. Carl-Wendelin Neubert, Sanktionen und das Völkerrecht. Entwicklungslinien und aktuelle Problemlagen, Osteuropa 71 (2021), S. 35.

116 Art. 275 Abs. 1 AEUV: Der Gerichtshof der Europäischen Union ist nicht zuständig für die Bestimmungen hinsichtlich der Gemeinsamen Außen- und Sicherheitspolitik und für die auf der Grundlage dieser Bestimmungen erlassenen Rechtsakte.

117 Art. 275 Abs. 2 AEUV: „Der Gerichtshof ist jedoch zuständig für die Kontrolle der Einhaltung von Artikel 40 des Vertrags über die Europäische Union und für die unter den Voraussetzungen des Artikels 263 Absatz 4 dieses Vertrags erhobenen Klagen im Zusammenhang mit der Überwachung der Rechtmäßigkeit von Beschlüssen über restriktive Maßnahmen gegenüber natürlichen oder juristischen Personen, die der Rat auf der Grundlage von Titel V Kapitel 2 des Vertrags über die Europäische Union erlassen hat."

restriktive Maßnahmen gegen natürliche oder juristische Personen erlassen, sofern ein Beschluss des Rats der EU dies vorsieht.[118] Es handelt sich um ein zweistufiges Verfahren. Zunächst beschließt der Rat im Rahmen der GASP die Einschränkung der Wirtschafts- und Finanzbeiziehungen zu einem Drittland und bestimmt den Erlass von Individualsanktionen. Gemäß Art. 215 Abs. 2 AEUV können dann personenbezogen Maßnahmen mit qualifizierter Mehrheit erlassen werden.[119]

Die personenbezogenen Maßnahmen erlässt der Rat in der Form einer Verordnung. Bereits 2014 hatte er in Reaktion auf die russische Annexion der Krim die VO (EU) 269/2014 verabschiedet.[120] In deren Anhang waren natürliche Personen gelistet, die als verantwortlich für Handlungen gelten, welche „die territoriale Unversehrtheit, Souveränität und Unabhängigkeit der Ukraine untergraben oder bedrohen".[121]

Seit der russischen Anerkennung der Staatlichkeit der „Volksrepubliken" Donezk und Luhansk am 21. Februar 2022 und dem drei Tage später entfachten russischen Angriffskrieg ist die Verordnung mehrfach angepasst und die Anzahl der gelisteten Personen in einer Reihe von Durchführungsverordnungen stetig erweitert worden.[122] Nach dem neuen Art. 3 g der VO 269/2014 können nun auch führende Geschäftsleute gelistet werden. Diese müssen in Wirtschaftssektoren tätig sein, die für die Regierung der Russischen Föderation eine wesentliche Einnahmequelle darstellen.[123] Gleiches gilt für mit ihnen verbundene Personen sowie Personen, die

118 Vgl. Art. 215 Abs. 2 AEUV: Sieht ein nach Titel V Kapitel 2 des Vertrags über die Europäische Union erlassener Beschluss dies vor, so kann der Rat nach dem Verfahren des Absatzes 1 restriktive Maßnahmen gegen natürliche oder juristische Personen sowie Gruppierungen oder nichtstaatliche Einheiten erlassen.

119 Art. 215 I AEUV: „Sieht ein nach Titel V Kapitel 2 des Vertrags über die Europäische Union erlassener Beschluss die Aussetzung, Einschränkung oder vollständige Einstellung der Wirtschafts- und Finanzbeziehungen zu einem oder mehreren Drittländern vor, so erlässt der Rat die erforderlichen Maßnahmen mit qualifizierter Mehrheit auf gemeinsamen Vorschlag des Hohen Vertreters der Union für Außen- und Sicherheitspolitik und der Kommission", vgl. dazu Hans-Joachim Cremer, in Callies/Ruffert, EUV/AEUV, 6. Auflage 2022, Art. 215 Rn. 10–15.

120 Verordnung (EU) Nr. 269/2014 des Rates vom 17. März 2014 über restriktive Maßnahmen angesichts von Handlungen, die die territoriale Unversehrtheit, Souveränität und Unabhängigkeit der Ukraine untergraben oder bedrohen (alte Fassung), https://eur-lex.europa.eu/legal-content/DE/TXT/PDF/?uri=CELEX:32014R0269&from=FI

121 Vgl. Art. 3 I Verordnung (EU) Nr. 269/2014 (Alte Fassung).

122 Vgl. die Liste der zahlreichen Anpassungsverordnung bei https://eur-lex.europa.eu/legal-content/DE/TXT/?uri=CELEX%3A02014R0269-20221006

123 Vgl. Art. 3 g Verordnung (EU) Nr. 269/2014 des Rates vom 17. März 2014 über restriktive Maßnahmen angesichts von Handlungen, die die territoriale Unversehrtheit, Souveränität und Unabhängigkeit der Ukraine untergraben oder bedrohen (Neue Fassung) https://eur-lex.europa.eu/legal-content/DE/TXT/PDF/?uri=CELEX:02014R0269-20221006&from=DE,

Verstöße gegen Verbote der Umgehung der Verordnung erleichtern.[124] Eine direkte persönliche Verantwortung für die Verletzung der Souveränität der Ukraine muss nicht mehr bestehen.

Aber liegt darin nicht ein Verstoß gegen das Recht auf Eigentum? Nach Art. 17 der Charta der Grundrechte der Europäischen Union hat jede Person das Recht, ihr rechtmäßig erworbenes Eigentum zu besitzen, zu nutzen, darüber zu verfügen und es zu vererben. Dieses gilt auch für Drittstaatsangehörige. Dabei kommt der Unterscheidung zwischen Nutzungsbeschränkung und Entziehung des Eigentums – wie im nationalen Recht – eine zentrale Bedeutung zu. Für die Entziehung gelten erhöhte Rechtfertigungsanforderungen.[125] Dabei lässt sich aus der Rechtsprechung der Unionsgerichte ableiten, dass die Schwelle zur Entziehung erst dann überschritten ist, wenn der Eigentümer von jeder relevanten Nutzung und Verfügung ausgeschlossen wird.[126]

Hier entziehen die personenbezogenen Sanktionen den Betroffenen gerade nicht das Eigentum an den Vermögenswerten. Vielmehr beschränken sie die Verfügungs- und Nutzungsbefugnis zeitweilig und in begrenztem Umfang. Der Europäische Gerichtshof (EuGH) hat dementsprechend in seiner Kadi-Entscheidung zur Listung im Kontext der Terrorismusbekämpfung entschieden, dass das „Einfrieren“ des Vermögens keine Entziehung darstelle.[127]

Bloße *Nutzungsbeschränkungen* des Eigentums sind nach ständiger Rechtsprechung des EuGH rechtmäßig, wenn sie „tatsächlich dem Gemeinwohl dienenden Zielen der Union entsprechen und nicht einen im Hinblick auf die verfolgten Ziele unverhältnismäßigen, nicht tragbaren Eingriff darstellen, der die so gewährleisteten Rechte in ihrem Wesensgehalt antasten würde.“[128]

Eine pauschale Bewertung der Rechtmäßigkeit der Individualsanktionen gegen russische Einzelpersonen verbietet sich. Es kommt auf den Einzelfall an. Dabei wird auf der einen Seite einzustellen sein, dass die VO sehr weit geht. Die wirtschaftliche Verquickung mit Russland genügt als Anknüpfungspunkt für eine Verantwortlichkeit und verwandtschaftlich verbundene Personen können erfasst werden. Auf der anderen Seite ist zu berücksichtigen, dass die Sanktionen dem Gemeinwohl dienenden Zielen entsprechen. So zählt der Vertrag über die Europäische Union (EUV)

---

124 Vgl. Art. 3 h VO (EU) 269/2014 (Neue Fassung).

125 Vgl. Art. 17 S. 2 GrCh: Niemandem darf sein Eigentum entzogen werden, es sei denn aus Gründen des öffentlichen Interesses in den Fällen und unter den Bedingungen, die in einem Gesetz vorgesehen sind, sowie gegen eine rechtzeitige angemessene Entschädigung für den Verlust des Eigentums.

126 Vgl. EuGH, Urt. v. 10.7.2003, C-20/00 und 64/00, Rn. 67 ff.

127 EuGH, Urt. v. 3.9.2008, C-402/05 P und C-415/05P (Kadi u. a./Rat und Kommission), Rn. 358.

128 EuGH, Urt. v. 28.11.2013, C-348/12 P, Rdnr. 122 (ständige Rechtsprechung).

die Festigung und Förderung der Grundsätze des Völkerrechts (Art. 21 Abs. 2 lit. b. EUV) sowie die Erhaltung von Frieden, die Verhütung von Konflikten und Stärkung der internationalen Sicherheit nach Maßgabe der Satzung der Vereinten Nationen (Art. 21 Abs. 2 lit. c. EUV) zu den Zielen der GASP. Auch stellt die Listung wohl oftmals keinen untragbaren Eingriff dar, der das Eigentumsrecht in seinem Wesen antastet. Es handelt sich um ein befristetes Einfrieren.

Es ist deswegen davon auszugehen, dass die europäischen Gerichte die personenbezogenen Sanktionen weitgehend aufrechterhalten werden. So hat der EuGH in der Vergangenheit in einem Fall der ersten Phase der Russland-Sanktionen dem Rat im Bereich der GASP einen erheblichen Beurteilungsspielraum zugesprochen.[129] Auch hat der EuG kürzlich das Sende- und Weiterverbreitungsverbot gegenüber Russia Today für rechtmäßig erklärt.[130] Zudem lehnten die Unionsgerichte im Juni 2022 die Anträge russischer Geschäftsmänner auf vorläufigen Rechtsschutz gegen ihre Listung im Kontext der kürzlich ergangenen EU-Sanktionen ab.[131]

Im Einzelfall können Klagen vor den Unionsgerichten jedoch Erfolg haben. So muss die Begründung der Listung im konkreten Fall mit den Voraussetzungen der Verordnung in Einklang stehen. Im März 2023 entschied der EuG, dass die Listung der Mutter des Wagner-Chefs Prigozhin rechtswidrig sei.[132] Wirtschaftliche Verbindungen zum Wagner-Chef seien ihr nicht nachgewiesen worden, allein verwandtschaftliche Beziehungen reichten für die Listung nicht aus.[133] Eine solche grundrechtsorientierte kritische Rechtsprechung ist zu begrüßen. Der Unionsrechtsordnung steht es gut zu Gesicht, wenn menschenrechtliche Verpflichtungen auch bei EU-Sanktionen ernst genommen werden.[134] Allerdings darf bei der Prüfung der Verhältnismäßigkeit der Sanktionen auch nicht deren Kontext außer Acht gelassen werden. Die dezentralen Sanktionen stellen einen wichtigen Pfeiler der Antwort auf den russischen Angriffskrieg und den Verstoß gegen das Gewaltverbot dar.

---

129 EuGH, Urt. v. 17.9.2020, C-732/18 P, Rn. 132 ff.

130 Vgl. EuG, Beschl. v. 27.7.2022, T-125/22; dazu EuG: Keine Nichtigerklärung der Sanktionen gegen RT France, 29.7.2022, https://blog.lehofer.at/2022/07/EuG-RT.html.

131 Vgl. z.B. EuG, Beschl. v. 21.6.2022, T-234/22 (Ismailova/Rat); EuG, Beschl. v. 27.6.2022, T-237/22 (Usmanov/Rat).

132 EuG, Beschl. v. 8.3.2023, T-212/22.

133 ibid.

134 Vgl. für ein Beispiel Philipp Reinhold, Der Fall Azarov und seine Folgen: Zur Reichweite des Grundrechtsschutzes am Beispiel europäischer Veruntreuungssanktionen in der Ukraine-Krise, ZEUS 23 (2020), S. 509.

IV Schlussbetrachtung

Was sagt uns die Analyse der rechtlichen Rahmenbedingungen der drei Bereiche für unser Verständnis der Entwicklung des Völkerrechts? Müssen wir das Ende universeller Werte konstatieren und uns auf die Rückkehr der klassischen Machtpolitik einstellen? In den 1990er Jahren und frühen 2000er Jahren haben sich gerade deutschsprachige Völkerrechtlerinnen und Völkerrechtler der These von der Konstitutionalisierung des Völkerrechts verschrieben.[135] Die Völkerrechtsordnung beginne sich dem normativen Modell von Verfassungsstaaten anzunähern. Menschenrechte und Rechtsstaatlichkeit gewännen im Völkerrecht an Bedeutung.[136]

Gemessen an diesen Erwartungen an eine sich verdichtende und konstitutionalisierende „international rule of law“ stellt der russische Verstoß gegen das Gewaltverbot einen herben Rückschlag dar. Die Russische Föderation hat als ständiges Mitglied des Sicherheitsrats, dem die „Hauptverantwortung für die Wahrung des internationalen Friedens und der internationalen Sicherheit“ obliegt (Art. 24 der Satzung der Vereinten Nationen), einen brutalen Angriffskrieg entfacht. Als Akteur ist der Sicherheitsrat weitgehend lahmgelegt, als Vetomacht kann Russland eine Blockadehaltung einnehmen.

Allerdings liegt die völkerrechtliche Ordnung keineswegs brach. Eine beträchtliche Mehrheit in der Generalversammlung hat den Angriffskrieg und die Annexion ukrainischer Gebiete verurteilt und einen Abzug der russischen Truppen gefordert. Es wurden rechtlich zulässige weitreichende Sanktionen auf den Weg gebracht, mit denen dem Verstoß gegen das Gewaltverbot begegnet wird. Auch das Völkerstrafrecht wird vermutlich eine Rolle bei der Bewältigung der Folgen des Angriffskriegs spielen – wenn auch nicht direkt, aber in langfristiger Perspektive. Jedenfalls gilt: Der 24. Februar hat uns die Bedeutung einer stabilen Völkerrechtsordnung wieder einmal vor Augen geführt. Für Absänge auf das Völkerrecht ist auch deswegen kein Raum.

---

135 Siehe z.B. Thomas Kleinlein, Konstitutionalisierung im Völkerrecht. Konstruktion und Elemente einer idealistischen Völkerrechtslehre (2012); vgl. Armin von Bogdandy, Constitutionalism in international law: Comment on a proposal from Germany, Harvard International Law Journal 47 (2006), S. 223.

136 Anne Peters, The merits of global constitutionalism, Indian Journal of Global Legal Studies 16 (2009), S. 397.

 https://doi.org/10.1515/9783111203478-005

Schriftenreihe der Juristischen Gesellschaft zu Berlin

Mitglieder der Gesellschaft erhalten eine Ermäßigung von 40 %

Heft 189 **Das neue deutsche Staatsschuldenrecht in der Bewährungsprobe.** Von Prof. Dr. MARKUS HEINTZEN. 40 Seiten. 2012. € 29.95

Heft 190 **Grundrechtsschutz zwischen Karlsruhe und Straßburg.** Von Prof. Dr. ANDREAS ZIMMERMANN. 40 Seiten. 2012. € 34.95

Heft 191 **150 Jahre deutsche Verwaltungsgerichtsbarkeit.** Von Prof. Dr. h. c. ECKART HIEN. 30 Seiten. 2014. € 24.95

Heft 192 **Das Europäische Insiderhandelsverbot.** Von Prof. Dr. GREGOR BACHMANN. 64 Seiten. 2015. € 29.95

Heft 193 **Brauchen wir ein drittes Geschlecht?** Von Prof. Dr. TOBIAS HELMS. 36 Seiten. 2015. € 19.95

Heft 194 **Der Prozess Jesu – Aus römisch-rechtlicher Perspektive.** Von Prof. Dr. CHRISTOPH G. PAULUS. 36 Seiten. 2016. € 29.95

Heft 195 **Abstammung und Verantwortung.** Von Prof. Dr. NINA DETHLOFF. 21 Seiten. 2017. € 29,95

Heft 196 **Der digitale Pranger.** Von Dr. ULRICH FRANZ. 33 Seiten. 2018. € 29,95

Heft 197 **Sollbruchstellen des deutschen, europäischen und internationalen Flüchtlingsrechts.** Von Prof. Dr. DANIEL THYM. 50 Seiten. 2019. € 29,95

Heft 198 **Reform des deutschen Namensrechts.** Von Prof. Dr. ANATOL DUTTA. 56 Seiten. 2020. € 29,95

Heft 199 **Gentrifizierung als Rechtsproblem – Wohnungspolitik ohne ökonomische und rechtsstaatliche Leitplanken?** Von Prof. Dr. JÜRGEN KÜHLING. 78 Seiten. 2020. € 29,95